16 mai 1896

VENTE DU SAMEDI 16 MAI 1896

HOTEL DROUOT, SALLE N° 1

COLLECTION

de

Mme la Vicomtesse de Benavente

TABLEAUX ANCIENS

Mes P. CHEVALLIER et G. DUCHESNE

M. Henri HARO

2768. — Lib.-Imp. réunies, rue Mignon, 2, Paris.

COLLECTION

DE

Madame la Vicomtesse DE BENAVENTE

CATALOGUE

DES

TABLEAUX ANCIENS

DONT LA VENTE AURA LIEU

HOTEL DROUOT, SALLE N° 1

Le Samedi 16 Mai 1896

A DEUX HEURES ET DEMIE

EXPOSITION PUBLIQUE

LE VENDREDI 15 MAI 1896

De 1 heure et demie à 5 heures et demie

COMMISSAIRES-PRISEURS :

Me PAUL CHEVALLIER — 10, rue de la Grange-Batelière, 10

Me GEORGES DUCHESNE — 6, rue de Hanovre, 6

PEINTRE-EXPERT :

M. HENRI HARO

14, rue Visconti et rue Bonaparte, 20

1896

CE CATALOGUE SE DISTRIBUE

A PARIS, CHEZ

Me P. CHEVALLIER	Me G. DUCHESNE
COMMISSAIRE-PRISEUR	COMMISSAIRE-PRISEUR
10, rue Grange-Batelière, 10	6, rue de Hanovre, 6

ET CHEZ

M. Henri HARO
PEINTRE-EXPERT
14, rue Visconti et rue Bonaparte, 20

CONDITIONS DE LA VENTE

Elle se fait au comptant.

Les acquéreurs payeront *cinq pour cent* en plus du prix d'adjudication.

TABLEAUX ANCIENS

ALBANI (François) *dit* l'Albane (?)

1 — Amphitrite.

Forme d'éventail.
Gouache.

ALLORI (Ange) *dit* Bronzino (?)

2 — Le Temps découvre tout. Allégorie.

B. — H., 0m,59. L., 0m,47.

BARBIERI (Jean-François) *dit* Le Guerchin

3 — David.

Il tient de la main gauche la tête du géant Goliath qu'il vient de couper avec son épée encore souillée de sang. Dans le fond, le camp des Philistins.

T. — H., 1m,28. L., 1m,00.

BREUGHEL (JEAN) *dit* DE VELOURS

4 — La Création du monde.

C. — H., 0m,24. L., 0m,34.

BUONACCORSI (PIERRE)
dit PERINO DEL VAGA (?)

5 — Portrait présumé de Catalina Sforza.

T. — H., 0m,65. L., 0m,51.

BUONACCORSI (PIERRE)
dit PERINO DEL VAGA
(Attribué à)

6 — Portrait de Raphaël Sanzio.

B. — H., 0m,61. L., 0m,45.

CANAL (ANTOINE) *dit* LE CANALETTO
(Attribué à)

7 — Le Grand Canal à Venise.

T. — H., 0m,43. L., 0m,62.

CANAL (Antoine) *dit* Le Canaletto

(École de)

8 — Le Canal de la Giudecca.

T. — H., 0m,43. L., 0m,73.

CANO (Alonzo) (?)

9 — Saint François d'Assise recevant les stigmates.

T. — H., 1m,25. L., 0m,98.

CRUZ (Jean de la) *dit* Pantoja de la Cruz

(?)

10 — Portrait d'un Prince.

Le jeune guerrier, représenté debout, vu à mi-corps, est vêtu d'un riche costume avec armure; sa main droite est appuyée sur son casque posé sur une table, et la gauche sur la garde de son épée.

T. — H., 1m,19. L., 0m,90.

DUGHET (Gaspard) *dit* Le Poussin

11 — Paysage.

A droite, de grands arbres sous lesquels une famille de villageois fait halte. Au premier plan, une rivière coule au bas de terrains accidentés. Au second plan, un château; plus loin, les cimes des montagnes se détachent sur un ciel légèrement coloré par un soleil couchant.

T. — H., 1m,23. L., 1m,68.

DYCK (Van)

(Attribué à)

12 — Martyre de saint Sébastien.

Le saint est représenté debout, attaché à un arbre. Des anges le dégagent de ses liens; l'un sèche ses plaies avec un linge, pendant qu'un autre lui retire la flèche qui lui a percé le côté. A gauche, à terre, sont déposées les armes du saint.

T. — H., 1m,54. L., 1m,20.

DYCK (Van)

(École de)

13 — Tête d'Homme.

T. — H., 0m,42. L., 0m,32.

FERGIONI

14 — La Tempête.

Un navire en détresse lutte contre la tempête qui menace de le jeter sur les rochers que l'on voit à gauche. Au premier plan, des pêcheurs halent une barque pour la mener au rivage. Dans le fond, un château fort et un phare.

T. — H., 1^m,22. L., 1^m,72.

GELÉE (Claude) *dit* Le Lorrain

(Attribué à)

15 — Paysage, marine. Vue prise en Italie.

T. — H., 1^m,00. L., 1^m,35.

GELÉE (Claude) *dit* Le Lorrain

(École de)

16 — La Cascade. Paysage.

T. — H., 0^m,94. L., 1^m,18.

17 — Port de mer.

T. — H., 0^m,73. L., 0^m,95.

*

GELÉE (CLAUDE) *dit* LE LORRAIN

(Ecole de)

18 — Paysage.

B. — H., 0^m,15. L., 0^m,20.

GIORDANO (LE CHEVALIER LUC)

19 — Joseph et la Femme de Putiphar.

T. — H., 0^m,25. L., 0^m,47.

LINT (PIERRE VAN)

20 — Vue de Naples. L'Arsenal.

T. — H., 0^m,58. L., 1^m,11.

21 — Vue de Naples. Le Vésuve.

Pendant du précédent.

Signé à droite.

De nombreuses figures animent ces deux compositions.

T. — H., 0^m,58. L., 1^m,11.

MARATTI (Charles) (?)

22 — Sainte Famille.

T. — H., 0^m,49. L., 0^m,43.

MAZO

23 — Paysage. Vue du Buen Retiro à Madrid.

Au premier plan, dans l'ombre, on voit une scène dramatique d'assassinat.

T. — H., 0^m,66. L., 0^m,59.

MEMLING

(École de)

24 — La Visitation.

Sainte Anne et la Vierge sont au premier plan. Sur la droite, on aperçoit une porte conduisant à un château fort, et dans le fond, à gauche, un petit village et des montagnes.
Tableau d'une fine exécution.

B. — H., 0^m,20. L., 0^m,15.

MIEL (Jean)

25 — Le Barbier.

T. — H., 0^m,55. L., 0^m,44.

MONNOYER

26 — Vase de Fleurs.

T. — H., 0m,40. L., 0m,30.

27 — Vase de Fleurs.

T. — H., 0m,40. L., 0m,30.

MORALÈS

(École de)

28 — Le Sauveur portant sa croix.

B. — H., 0m,50. L., 0m,40.

MOUCHERON

29 — Paysage.

T. — H., 0m,92. L., 0m,82.

MURILLO (?)

30 — Sainte Famille.

La Vierge tient sur ses genoux l'Enfant Jésus qui embrasse saint Jean. On aperçoit dans le fond du paysage saint Joseph appuyé sur un âne. Dans le ciel éclairé par un rayon, on voit trois anges tenant des couronnes de fleurs au-dessus de la Vierge.

T. — H., 1^m,65. L., 1^m,10.

MURILLO

(École de)

31 — Seigneur espagnol faisant l'aumône.

T. — H., 0^m,22. L., 0^m,20.

ORSI (Lelio)

32 — Diane et Actéon.

T. — H., 0^m,60. L., 0^m,73.

PANNIN

33 — Les Cygnes. Ruines avec figures.

T. — H., 0^m,50. L., 0^m,39.

PANNINI

34 — Ruines avec figures.

T. — H., 0^m,50. L., 0^m,39.

PIPPI (Jules) *dit* Jules Romain
(École de)

35 — Portrait d'Homme présumé de Bindo Antino.

B. — H., 0^m,55. L., 0^m,44.

POELENBURG (Corneille Van)

36 — Sujet mythologique.

Monogramme sur une pierre, à gauche.

B. — H., 0^m,52. L., 0^m,45.

POUSSIN (Nicolas) (?)

37 — Allégorie sur la vie.

Au premier plan, une barque conduite par le Temps; les quatre Saisons tiennent les rames. En avant du bateau, un jeune seigneur endormi, au-dessus duquel voltige un Amour portant une banderole sur laquelle on lit : « Tu dors et le temps passe. »

T. — H., 0^m,65. L., 0^m,50.

ROBUSTI (Jacques) *dit* Le Tintoret

(Attribué à)

38 — Portrait présumé de Sansovino.

T. — H., 0^m,46. L., 0^m,34.

ROSA (Salvator)

39 — Le Port.

Au premier plan, un bateau est accoté à la terre; l'équipage a mis pied à terre et s'apprête à prendre son repas. Plus loin, dans la mer, plusieurs barques; sur la droite, des rochers surmontés de ruines. Dans le fond, on aperçoit une ville et des montagnes.

T. — H., 0^m,95. L., 1^m,35.

ROSA (Salvator)

40 — Bataille.

T. — H., 0^m,56. L., 0^m,75.

41 — Pendant du précédent.

T. — H., 0^m,56. L., 0^m,75.

ROSA (Salvator)

(Attribué à)

42 — Marine.

T. — H., 0^m,73. L., 0^m,99.

RUBENS

(D'après)

43 — L'Éducation de la Vierge.

C. — H., 0^m,86. L., 1^m,04.

SEGHERS (Daniel)

44 — Guirlande de fleurs entourant un médaillon.

T. — H., 0^m,58. L., 0^m,47.

SERVANDONI

45 — Le Bain.

Des jeunes femmes se livrent au plaisir du bain sous des ruines romaines, les Thermes de Dioclétien. Au premier plan, à gauche, des soldats jouent entre eux.

Une grande voûte en ruine encadre cette composition. Dans le fond, on aperçoit la ville et les montagnes se silhouettant sur le ciel.

T. — H., 1^m,32. L., 1^m,07.

46 — Le Sacrifice.

Dans la grande salle d'un temple, un empereur romain offre un sacrifice aux dieux.

De nombreuses figures animent cette composition.

T. — H., 1^m,32. L., 1^m,07.

SNEECK

47 — L'Hiver en Hollande

Signé à droite.

T. — H., 1^m,02. L., 1^m,35.

VALLIN (?)

48 — Le Sommeil de Vénus.

B. — H., 0^m,25. L., 0^m,35.

VECELLI *dit* Le Titien

(D'après)

49 — Le Martyre de saint Pierre.

Le saint, frappé dans un bois, gît au pied d'un arbre. Son regard, tourné vers le ciel, entrevoit déjà la palme du martyre que lui présentent les anges.

Réduction du fameux tableau du Titien, brûlé à Venise, il y a une vingtaine d'années, lors de l'incendie de la chapelle de Saint-Jean et Saint-Paul, dans l'église Saint-Marc.

Belle copie qui a toujours été attribuée à Nicolas Poussin.

T. — H., 2^m,03. L., 1^m,16.

VERNET (Joseph)

50 — Le Naufrage.

T. — H., 0^m,44. L., 0^m,63.

ÉCOLE ANGLAISE

51 — Atelier d'un horloger.

B. — H., 0^m,33. L., 0^m,39.

52 — Portrait d'Homme, époque Louis XV.

T. — H., 1^m,30. L., 1^m,01.

ÉCOLE ESPAGNOLE

53 — Un Barbier espagnol.

T. — H., 0^m,20. L., 0^m,17.

54 — Portrait d'Homme.

Forme ovale.

B. — H., 0^m,10. L., 0^m,08.

ÉCOLE FLAMANDE

55 — La Tour de Babel.

Composition animée par de nombreuses petites figures et curieuse par la variété des monuments.

B. — H., 0^m,75. L., 1^m,06.

56 — Marine.

B. — H., 0^m,20. L., 0^m,27.

ÉCOLE FRANÇAISE

57 — Portrait d'un Maréchal de France.

T. — H., 0^m,52. L., 0^m,46.

58 — Le Char de Vénus traîné par les Grâces.

B. — H., 0^m,26. L., 0^m,38.

ÉCOLE FRANÇAISE

59 — Portrait d'Homme, époque Louis XIV.

C. — H., 0^m,10. L., 0^m,08.

60 — Sujet mythologique.

Éventail.
Gouache sur parchemin.

ÉCOLE HOLLANDAISE

61 — Le Débarquement.

Sur la droite, un navire est à l'ancre. Une chaloupe montée par des seigneurs se dirige vers le rivage où des marchands semblent l'attendre.

A gauche, une forteresse et, plus loin, des collines.

T. — H., 0^m,96. L., 1^m,34.

62 — Moïse sauvé des eaux.

T. — H., 0^m,64. L., 0^m,77.

63 — La Jeune Bergère.

T. — H., 0^m,53. L., 0^m,45.

ÉCOLE ITALIENNE

64 — Le Port. Vue prise en Italie.

De nombreuses frégates sont amarrées dans le port ; au premier plan, une barque remplie de soldats se dirige vers l'une d'elles.

Tableau très fin d'exécution.

T. — H., 0^m,35. L., 0^m,84.

65 — L'Enlèvement de Proserpine.

T. — H., 0^m,39. L., 0^m,50.

66 — La Vierge.

Forme ovale.

B. — H., 0^m,34. L., 0^m,29.

67 — Le Martyre de saint Bartholomé.

T. — H., 0^m,37. L., 0^m,31.

ÉCOLE ITALIENNE PRIMITIVE

68 — Le Christ au Calvaire.

T. — H., 0^m,57. L., 0^m,38.

ÉCOLE PRIMITIVE

69 — L'Adoration des Mages.

Sur la gauche, la Vierge est assise, ayant l'Enfant Jésus sur ses genoux. Saint Joseph est à son côté, et tient à sa main son bonnet, qu'il vient de retirer pour saluer les Rois Mages.

Le premier roi mage Melchior, un vieillard, est à genoux devant l'Enfant Jésus et lui offre de riches présents. Le second, Balthazar, debout, vient de se découvrir et se retourne vers un serviteur agenouillé; plus loin, le Roi nègre Gaspard, derrière lequel on aperçoit une suite de serviteurs et de soldats.

Les Mages sont vêtus de somptueux costumes et de manteaux richement brochés d'or. Leurs trois pavillons se détachent sur le fond de verdure du paysage; plus loin, une ville et, à l'horizon, des montagnes surmontées de l'Étoile miraculeuse. Sur la droite, par une ouverture pratiquée dans les ruines de la crèche, on aperçoit des gens en fête dansant une ronde joyeuse.

B. — H., $0^{m},59$. L., $0^{m},42$.

70 — La Naissance du Christ.

Trois anges viennent de recevoir l'Enfant Jésus dans un lange et le déposent à terre avec grand soin; de chaque côté, la Vierge et saint Joseph, agenouillés, sont en adoration. A droite et à gauche, et sur une poutre placée en travers de l'étable, des séraphins tiennent des instruments de musique et accompagnent un chœur d'anges que l'on voit au second plan, sur la gauche, chantant l'heureuse naissance du Sauveur.

Sur la droite, on aperçoit les bergers qui arrivent avec des lanternes.

Ces deux tableaux, qui ont une grande impression de Memling, paraissent avoir été faits en Espagne.

B. — H., 0^{m},59. L., 0^{m},42.

71 — Sous ce numéro seront vendus les tableaux non catalogués.

2768. — Lib.-Imp. réunies, rue Mignon, 2, Paris.

www.ingramcontent.com/pod-product-compliance
Ingram Content Group UK Ltd.
Pitfield, Milton Keynes, MK11 3LW, UK
UKHW020525180726
13839UKWH00005B/2306